Service zeit

WDR
FERNSEHEN

Lecker BACKEN

mit Markus Podzimek

Inhalt

TRÜFFEL, SCHOKOLADE & DESSERTS

BONUS-REZEPTE

Liebe Backfans,

also, ich habe schon immer gerne gebacken.
Meine Oma war eine großartige Bäckerin von Spritzgebäck, Apfelstrudel und Hefezöpfen, und mich hat schon als Kind fasziniert, wie aus wenigen Zutaten herrlich leckere Gebäcke entstanden. Immer gehörte damals Gute Butter dazu und Hefe und Mehl und Vanille und Zimt.

Und schon duftete es in ihrem alten Zechenhäuschen in Moers-Meerbeck verführerisch nach Kuchen oder Keksen. Wir Kinder konnten es nicht erwarten, ein paar heiße Streusel vom Apfelkuchen zu stibitzen, kaum stand der zum Abkühlen in der Fensternische.

Mit ca. 13 Jahren startete ich dann in meine eigene „Backkarriere" und wusste, wie es wohl dem Alter entspricht, alles besser, als es in dem alten Schulkochbuch meiner Mutter vermerkt war.
Dabei lernte ich dann schnell, dass es beim Backen darauf ankommt, exakt zu arbeiten und nicht drei andere Dinge parallel zu erledigen.
Die Hefe nimmt einen kurzen Plausch an der offenen Tür übel und lässt sich extra lange Zeit beim Gehen. Sahne will angeschaut werden beim Schlagen. Und Biskuit fällt beleidigt in sich zusammen, wenn zu lässig mit der Zeit umgegangen wird.

Das ein oder andere Missgeschick war also vorprogrammiert, aber es stellten sich dann doch schnell die ersten Backerfolge ein. Es war und ist mir immer eine Freude, wenn neue Rezepte wie mein Russischer Zupfkuchen oder die Erdbeertorte gut gelungen auf einer Kaffeetafel thronen.

Einen Obstboden habe ich übrigens noch nie fertig gekauft – ich mag es zu beobachten, wie sich Eier, Zucker, Wasser und Stärkemehl in diese fluffige Teigmasse verwandeln.

Ich back einfach gerne!

Nicht zuletzt darum habe ich mich sehr gefreut, Konditormeister Markus Podzimek zunächst in der Servicezeit bei seiner Arbeit beobachten zu können und dann hautnah als Jurykollegen.
Herrlich – endlich mal einem Profi auf die Finger zu schauen und ganz viel von ihm zu lernen.
Klar, so ein Maître de Chocolatier hat viel mehr Routine als wir HobbybäckerInnen.
Aber seine Tipps und Rezepte sind so gestaltet, dass wir das auch locker hinkriegen und uns freuen dürfen auf den unvermeidlichen Satz beim nächsten Sonntagskaffee: „Ach, ein ganz kleines Stückchen nehm' ich noch ... – und krieg ich das Rezept?"

Yvonne Willicks
Moderatorin
WDR Fernsehen

Für Sie: mein erstes kleines Backbuch.

Ein Buch mit tollen Rezepten für Hobby-Konditoren und Profis gleichermaßen.

Während meiner Wanderjahre als Konditor durch Europa habe ich tausende von Rezepten kennengelernt, die besten aufgeschrieben und immer wieder verfeinert, so wie auch schon mein Urgroßvater, Großvater und Vater. Bereits seit 4 Generationen duftet es in unserem Haus nach feinen Torten, Schokolade und Honigkuchen.

Dieser süße Duft von exquisiten Köstlichkeiten und Zutaten hat mich inspiriert, einige meiner besten und einfach herzustellenden Rezepte in der Sendung „Lecker Backen“ vorzustellen und in diesem Buch für Sie aufzuschreiben. Denn oft sind gerade die einfachen Rezepte, ohne viel Schnickschnack, auch die leckersten.

Schritt für Schritt zeige ich Ihnen, wie Sie perfekte Kuchen, Torten & Törtchen, Desserts, feines Gebäck, Cookies und Pralinen einfach und schnell selber herstellen können. Mein Hauptaugenmerk lege ich stets auf erstklassige Rohstoffe. Nur mit guten Zutaten kann ein noch besseres Produkt entstehen. Dabei achte ich immer darauf, dass ich den Eigengeschmack des Rohstoffs fördere und diesen nicht durch falsche Handhabung oder Gewürze verfälsche. Dazu finden Sie in diesem Buch immer wieder kleine Tipps und Tricks.

Lassen Sie sich von meinen Rezepten inspirieren, die vielen verschiedenen Teige und Massen lassen immer auch Spielraum für eigene leckere Ideen. Probieren Sie sie einfach aus. Ich wünsche Ihnen viel Spaß und gutes Gelingen beim Nachbacken meiner Lieblingsrezepte.

Ihr Konditormeister
Markus Podzimek

Kuchen und Gebäck

Mohn-Gugelhupf

Für 1 Gugelhupf (Ø 19 cm)
160 g weiche Butter · 20 g Honig · 60 g Puderzucker · 1 Prise Zimt · Mark von 1 Vanilleschote · 1 Prise Nelkenpulver · Abrieb von ½ Bio-Orange · 6 Eier (Größe L) · 1 Prise Salz · 80 g Zucker 90 g gemahlener Mohn · 40 g Weizenmehl · 90 g gemahlene Mandeln

Außerdem:
Butter für die Form · Gehobelte Mandeln zum Bestreuen · Puderzucker zum Bestäuben · 50 g gehackte Pistazien zum Garnieren

1. Die Gugelhupfform mit Butter ausstreichen und mit gehobelten Mandeln ausstreuen.

TEIG

2. Butter, Honig, Puderzucker, Zimt, Vanillemark, Nelkenpulver und Orangenabrieb in der Küchenmaschine aufschlagen.

Die Eier trennen. Die Eigelbe nach und nach unterrühren. Das Eiweiß mit Salz und Zucker zu Schnee schlagen. Den Eischnee dann vorsichtig unter die Buttermasse rühren. Anschließend Mohn, Mehl und Mandeln behutsam untermengen.

3. Den Ofen auf 170 °C (Umluft) vorheizen. Die Teigmasse in die vorbereitete Gugelhupfform füllen und ca. 45 Minuten backen.

GARNIEREN

4. Den fertigen Gugelhupf 10 Minuten abkühlen lassen, dann aus der Form stürzen. Zum Schluss mit Puderzucker bestäuben und mit gehackten Pistazien garnieren.

Dreierlei Heidesand

Für 2 Backbleche
60 g Marzipanrohmasse · 1 Ei · 125 g Puderzucker · 200 g weiche Butter · 2,5 g Salz · Mark von ½ Vanilleschote · etwas Zitronenabrieb · 375 g Weizenmehl

Außerdem:
50 g gehackte Mandeln · 150 g gehackte getrocknete Aprikosen · 1 Prise Zimt · 1 Prise grober Zucker oder · 75 g getrocknete Cranberrys · 50 g gehackte Pistazienkerne · 1 Prise grober Zucker oder · 25 g gefriergetrockneter Kaffee · 1 Prise grober Zucker · 1 Eiweiß zum Bestreichen · Rohrzucker zum Wälzen

TEIG

1. Marzipan und Ei zu einer glatten Masse verarbeiten. Dann Puderzucker, Butter, Salz, Vanillemark und Zitronenabrieb unterkneten. Zuletzt das Weizenmehl zugeben und alles zu einem glatten Mürbeteig verarbeiten.

VARIANTEN

2. Je nach Belieben entweder Mandeln, Aprikosen, Zimt und Zucker oder Cranberrys, Pistazien und Zucker oder Kaffee und Zucker vorsichtig unterkneten. Den Teig ca. 45 Minuten im Kühlschrank ruhen lassen.

3. Anschließend den Teig zu einer ca. 3 cm dicken Rolle formen und diese erneut kalt stellen, bis sie fest ist. Den Ofen auf 180 °C (Umluft) vorheizen und zwei Backbleche mit Backpapier auslegen. Die Rolle mit Eiweiß bestreichen und in Rohrzucker wälzen. Dann in 5–6 mm dicke Scheiben schneiden und auf die Bleche legen. Den Heidesand in 12–15 Minuten goldgelb backen.

Oster- und Neujahrszopf

Für 1 Hefezopf

Für den Teig:
385 g Weizenmehl · 80 ml lauwarme Milch · 25 g Hefe · 50 g Zucker · 6 g Salz · 1 Ei · 3 Eigelb · 110 g weiche Butter · 1 Prise gemahlene Tonkabohne

Für die Früchtemischung:
100 g Sultaninen · 20 g Zitronat · 20 g Orangeat · 2 EL Rum (optional) · Abrieb von ½ Bio-Zitrone · Mark von 1 Vanilleschote

Außerdem:
3 Eigelb zum Bestreichen · 100 g Aprikosenmarmelade · 100 g Zucker · 100 g Fondant (Zuckerglasur) · 100 g gehobelte Mandeln

HEFETEIG

1. Das Mehl in eine Schüssel füllen und in die Mitte eine Kuhle drücken. Milch und zerbröselte Hefe hineingeben und mit

etwas Mehl vom Rand verrühren. Den Vorteig abdecken und ca. 10 Minuten gehen lassen. Die restlichen Zutaten zugeben und alles zu einem glatten Teig verkneten.

FRÜCHTEMISCHUNG

2. Dann alle Zutaten für die Früchtemischung in den Teig einarbeiten und diesen erneut 10 Minuten gehen lassen. Den Teig in drei gleich große Stücke teilen und diese zu langen Strängen formen. Die Stränge sollten an beiden Enden etwas dünner werden, so bekommt der Zopf eine schöne Form. Die Teigstränge flechten und den Hefezopf auf ein mit Backpapier belegtes Blech legen. Erneut abgedeckt 10 Minuten gehen lassen.

3. Den Ofen auf 180 °C (Umluft) vorheizen, eine kleine Schale mit Wasser in den Backofen stellen, damit der Teig keine Haut zieht. Den Zopf mit Eigelb bestreichen 30–45 Minuten backen.

GLASUR

4. Aprikosenmarmelade und Zucker in einem Topf erhitzen, bis die Glasur flüssig ist. Den Zopf damit bepinseln. Fondant lauwarm anwärmen und auflösen und mit 2 Esslöffeln Wasser (oder wahlweise Rum) vermengt dünn auftragen. Zum Schluss den Zopf mit gehobelten Mandeln bestreuen.

MEIN TIPP:

Für alle, die den richtigen Garpunkt genau abschätzen wollen, empfehle ich die Verwendung eines Fleischthermometers. Die Kerntemperatur des fertigen Hefezopfs sollte 86 °C betragen.

Nuss-Cookies

Für 12–14 Stück (Ø 8 cm)

Für den Teig:
200 g weiche Butter · 100 g Puderzucker · 5 Eigelb · 1 Prise Salz · etwas Zitronenabrieb · Mark von ½ Vanilleschote · 80 g Marzipanrohmasse · 260 g Weizenmehl

Für die Füllung:
50 g Butter · 100 g Zucker · 60 g Honig · 25 ml Sahne · 150 g gestiftete Mandeln oder 150 g gehackte Walnüsse oder 150 g gehackte Erdnüsse

Außerdem:
15 g Kakaopulver für die Walnuss-Cookies · 100 g fein gehackte Zartbitterschokolade für die Erdnuss-Cookies

TEIG

1. Butter, Puderzucker, Eigelbe, Salz, Zitronenabrieb und Vanillemark in der Küchenmaschine schaumig schlagen.

Marzipan untermischen. Zum Schluss das Weizenmehl sieben und vorsichtig untermengen. Die Masse jetzt nicht mehr zu lange kneten.

VARIANTEN

2. Je nach gewünschter Variante den Teig für die Walnuss-Cookies mit Kakaopulver mischen, für die Erdnuss-Cookies mit gehackter Schokolade. Für die Mandel-Cookies den Teig so belassen.

3. Den Teig in einen Spritzbeutel füllen und mit etwas Abstand zu ca. 5 cm großen Kreisen auf ein mit Backpapier ausgelegtes Backblech spritzen. Die Fingerspitzen leicht anfeuchten und kleine Vertiefungen in die Mitte drücken.

FÜLLUNG

4. Den Ofen auf 180 °C (Umluft) vorheizen. Butter, Zucker, Honig und Sahne aufkochen und kurz köcheln lassen, bis die Mischung leicht zähflüssig ist. Mandeln, Walnüsse oder Erdnüsse im Ofen leicht anwärmen. Die Honigmasse mit der gewünschten Nusssorte vermengen, die Mischung leicht abkühlen lassen und in die Vertiefungen der Cookies füllen. Danach sofort in den Ofen geben und ca. 10 Minuten backen.

Cantuccini

Für 1 Blech
200 g Marzipanrohmasse · 100 g Zucker · 50 g weiche Butter · Mark von 1 Vanilleschote · Abrieb von 1 Bio-Zitrone · 1 Msp. Zimt · 5 g Salz · 3 Eier · 250 g Weizenmehl · 1 Pck. Backpulver · 150 g rohe Mandeln

Außerdem:
Eigelb zum Bestreichen

TEIG

1. Marzipan, Zucker, Butter, Vanillemark, Zitronenabrieb, Zimt und Salz miteinander verrühren und die Eier nach und nach zugeben. Das Mehl mit dem Backpulver mischen und unterheben. Zuletzt die Mandeln zufügen.

2. Den Ofen auf 180 °C (Umluft) vorheizen und ein Backblech mit Backpapier auslegen. Den Teig zu langen Stangen formen und auf das Blech legen. Mit Eigelb bestreichen und ca. 25 Minuten backen.

TROCKNEN

3. Die gebackenen Stangen etwas abkühlen lassen und in ca. 2 cm breite Scheiben schneiden. Diese mit den Schnittflächen auf das Backblech legen und bei 150 °C ca. 15 Minuten nachtrocknen.

Fiori di Mandorla

Für 1 Blech
250 g Marzipanrohmasse · 80 g Zucker · 1 Eiweiß · etwas Orangen- und Zitronenabrieb

Außerdem:
Puderzucker zum Bestäuben

TEIG

1. Das Marzipan mit dem Zucker und dem Eiweiß glatt arbeiten. Dann den Orangen- und Zitronenabrieb unterrühren. Die Marzipanmasse zu einem Strang rollen und in ca. 15 g schwere Stücke portionieren.

MEIN TIPP:

Super lecker und sehr schnell und einfach in der Zubereitung: italienisches Gebäck – meine Alternative in der Weihnachtsbäckerei.

FORMEN

2. Den Ofen auf 180 °C (Umluft) vorheizen und ein Backblech mit Backpapier auslegen. Jedes Teigstück rundformen und mit Daumen, Zeigefinger und Mittelfinger in die typische Form bringen. Die Fiori di Mandorla auf dem Backblech verteilen und vor dem Backen mit Puderzucker bestäuben.

3. Das Blech in den Ofen schieben und das Gebäck 10–15 Minuten backen. Anschließend abkühlen lassen.

Basler Leckerli

Für 1 Blech

Für den Teig:
375 g Honig · 265 g Weizenmehl · 120 g gemahlene Haselnüsse · 120 g gehackte Mandeln · 150 g Orangeat und Zitronat zu gleichen Teilen · 6 g Lebkuchengewürz · 5 g Zitronenabrieb · 4 g Pottasche · 4 g ABC-Trieb (Hirschhornsalz)

Für die Glasur:
300 g Zucker · 1 kg hochwertige Zartbitterschokolade

TEIG

1. Den Honig leicht erwärmen, sodass sich mögliche Zuckerkristalle komplett auflösen. Alle Zutaten in einer großen Schüssel mischen und verkneten. Den Teig über Nacht mit Frischhaltefolie abdecken und im Kühlschrank ruhen lassen.

2. Am nächsten Tag den Ofen auf 180 °C (Umluft) vorheizen und ein Blech mit Backpapier auslegen. Den Teig auf Blechgröße ausrollen und 10–15 Minuten backen.

GLASUR

3. Währenddessen den Zucker mit 75 ml Wasser in einen Topf geben und auf 110 °C aufkochen. Die Temperatur sollte genau eingehalten werden, da bei zu geringer Hitze der Sirup im Honigkuchen versickert und bei zu hoher Hitze karamellisiert. Hierzu eignet sich ein Kerntemperaturmesser oder ein Fleischthermometer.

4. Das Blech aus dem Ofen nehmen und den gebackenen Teig sofort mit der Zuckerglasur bestreichen. Dabei den Pinsel schnell hin und her bewegen, sodass der Zucker leicht milchig wird. Die lauwarme Teigplatte auf ein großes Holzbrett abschieben und in die gewünschte Form schneiden.

5. Die Zartbitterschokolade in der Mikrowelle schmelzen und die Basler Leckerli bis zum oberen Rand hineintauchen.

MEIN TIPP:

Durch die Schokoladenglasur bleiben die Leckerli schön lange saftig und weich und halten sich mehrere Wochen.

Mini-Nussecken

Für 1 Blech

Für den Teig:
250 g Puderzucker · 500 g weiche Butter · 5 g Salz · Mark von 1 Vanilleschote · Abrieb von ½ Bio-Zitrone · 750 g Weizenmehl · 2 Eier

Für die Nussmasse:
125 g Butter · 100 g Zucker · 65 g Glykose · 65 g Honig · 125 ml Sahne · 375 g gehobelte Haselnüsse

Außerdem:
100 g hochwertige Zartbitterschokolade

TEIG

1. Puderzucker, Butter, Salz, Vanillemark und Zitronenabrieb mischen. Mehl und Eier zugeben und alles zu einem glatten Mürbeteig verkneten. Den Teig im Kühlschrank kalt stellen.

2. Den Ofen auf 180 °C (Umluft) vorheizen und ein Backblech mit Backpapier auslegen. Den Teig ca. 5 mm dick ausrollen und auf das Blech legen. Den Teig bis in die Ecken drücken, mit einer Gabel mehrfach einstechen und in ca. 10 Minuten blindbacken, bis er von oben stumpf aussieht und leichte braune Flächen entstehen. Er darf noch nicht durchgebacken werden, da er nochmals in den Ofen kommt.

NUSSMASSE

3. Butter, Zucker, Glykose, Honig und Sahne aufkochen und leicht köcheln lassen. Die Nüsse im Ofen leicht anwärmen und in die Honigmasse geben. Gleichmäßig auf dem vorgebackenen Mürbeteig verteilen und in 10–15 Minuten goldgelb backen. Anschließend abkühlen lassen und ggf. erneut im Ofen nachbräunen.

4. Zum Schneiden die Nussecken nochmals in den Ofen geben und leicht anwärmen. So wird der Nuss-Karamell schön geschmeidig und die Ecken brechen nicht. Dann herausnehmen und auf einem Holzbrett in Dreiecke scheiden. Die Spitzen und Enden in geschmolzene Zartbitterschokolade dippen und die Nussecken auf Backpapier auskühlen lassen – fertig!

MEIN TIPP:

Wenn ein Ofen ungleichmäßig backt, das Blech einfach bei der Hälfte der Backzeit drehen.

Orangen-Gugelhupf

Für 2 kleine Gugelhupfe (Ø 20 cm)

Für den Hefeteig:
30 ml Milch · 20 g Hefe · 300 g Weizenmehl · 30 g Zucker · 1 Prise Salz · 180 g weiche Butter · 3 Eier · 200 g Rosinen

Für die Orangentränke:
100 g Zucker · 200 ml Orangensaft · 100 ml Rum

Außerdem:
100 g zerlassene Butter zum Bestreichen, plus etwas extra für die Form · Gehobelte Mandeln zum Bestreuen · Vanillezucker zum Wälzen · Puderzucker zum Bestäuben

HEFETEIG

1. Die Milch leicht erwärmen, die Hefe darin auflösen und mit etwas Mehl verrühren. Den Vorteig mit einem feuchten Tuch abdecken und ca. 15 Minuten gehen lassen. Dann in einer großen Schüssel das restliche Mehl mit dem Vorteig, Zucker,

Salz, der Butter und den Eiern zu einem geschmeidigen, glatten Teig verkneten. Zum Schluss die Rosinen untermengen.

2. Den Teig halbieren und jeweils eine Hälfte in eine gebutterte und mit Mandeln bestreute Gugelhupfform geben. Die Form abdecken und den Teig erneut ca. 30 Minuten gehen lassen.

3. Den Ofen auf 180 °C (Umluft) vorheizen. Sobald der Gugelhupf die Form zu ca. ¾ füllt, den Kuchen für ca. 35 Minuten im Ofen backen. Anschließend abkühlen lassen und aus der Form stürzen.

ORANGENTRÄNKE

4. Zucker, 200 ml Wasser, Orangensaft und Rum in einem Topf erhitzen. Die Gugelhupfform zu ⅓ mit der Tränke füllen und den ausgekühlten Kuchen in die Tränke stülpen. So lange warten, bis die Tränke komplett eingezogen ist. Den Gugelhupf zusätzlich von der Unterseite mit Tränke bestreichen. Keine Sorge, er wird nicht matschig, sondern herrlich saftig-süß!

5. Den Gugelhupf anschließend mit flüssiger Butter bestreichen, in Vanillezucker wälzen und mit Puderzucker bestäuben.

MEIN TIPP:

Da ein Gugelhupf meist für einen Kaffeekranz reicht, friere ich den zweiten gerne ein.

Christstollen

Für 2 Stollen

Für die Früchte:
650 g Rosinen · 70 g Zitronat · 70 g Orangeat · 100 g gestiftete Mandeln · 40 ml Weißwein · 40 ml Rum

Für den Teig:
160 ml lauwarme Milch · 50 g Hefe · 620 g Weizenmehl · 200 g weiche Butter · 60 g Zucker · 10 g Zitronenabrieb · Mark von ½ Vanilleschote · 10 g Stollengewürz · 1 gehäufter TL Salz · 1 Ei · Je 100 g Marzipanrohmasse zum Einlegen

Außerdem:
150 g Butterschmalz · 200 g Vanillezucker · Puderzucker zum Bestäuben

FRÜCHTE

1. Rosinen, Zitronat, Orangeat und Mandeln in Weißwein und Rum einlegen und über Nacht ziehen lassen.

HEFETEIG

2. Am nächsten Tag die Milch in eine Schüssel gießen und mit der zerbröselten Hefe verrühren. Dann 220 g Mehl untermischen. Den Vorteig mit einem feuchten Tuch abdecken und an einem warmen Ort ca. 15 Minuten gehen lassen. In der Zwischenzeit Butter, Zucker, Zitronenabrieb, Vanillemark, Stollengewürz und Salz verrühren. Die Buttermasse, das restliche Mehl und das Ei zum Vorteig geben und alles für mehrere Minuten kräftig zu einem glatten, geschmeidigen Teig verkneten.

3. Die Früchte im vorgeheizten Ofen auf ca. 40 °C erwärmen. Dann vorsichtig unter den Teig kneten. Den Teig halbieren und jede Hälfte länglich formen. In die Mitte des Teigs mit einem Nudelholz oder abgesägten Besenstiel eine Kuhle rollen. Marzipan zu einer Rolle in der Länge des Stollens formen. Den Marzipanstrang einlegen und den Stollen zufalten. In den gefalteten Stollen erneut mit dem Nudelholz eine Kuhle drücken. So erhält er die typische Stollenform.

4. Den Ofen auf 200 °C (Umluft) vorheizen und ein Backblech mit Backpapier auslegen. Beide Stollen darauflegen und nochmals 15 Minuten gehen lassen. Dann mit etwas Wasser einpinseln und ca. 45 Minuten backen. Wenn der Stollen eine Kerntemperatur von ca. 86 °C erreicht hat, ist er fertig gebacken. Sobald der Stollen aus dem Ofen kommt, großzügig mit zerlassenem, heißem Butterschmalz bestreichen. Auf keinen Fall Butter nehmen, die wird schnell ranzig. Über Nacht einziehen lassen. Diesen Vorgang am nächsten Tag wiederholen, dadurch wird der Stollen konserviert und hält sich mehrere Wochen. Zum Schluss noch in reichlich Vanillezucker wälzen und mit Puderzucker bestäuben. Am besten 3–4 Tage ziehen lassen.

MEIN TIPP:

Vanillezucker kann man ganz leicht selber machen. Einfach mehrere ausgekratzte Vanilleschoten in ein Gefäß mit Zucker geben und verschließen. Je mehr Schoten, desto intensiver der Geschmack. Das Ganze einige Tage ziehen lassen. Sollte der Zucker etwas klumpig erscheinen, mit einem Löffel auflockern oder durchsieben.

Baumkuchenspitzen

Für 1 Backblech

Für den Teig:
250 g weiche Butter · 1 Prise Salz · etwas Zitronenabrieb · Mark von ½ Vanilleschote · 50 g Marzipanrohmasse, klein gewürfelt · 11 Eier, getrennt · 200 g Zucker · 50 g Weizenmehl · 200 g Weizenstärke

Für den Überzug:
500 g hochwertige Zartbitterschokolade (60 % Kakaoanteil)

TEIG

1. Butter mit Salz, Zitronenabrieb, Vanillemark und Marzipan in einer Schüssel aufschlagen. Die Eigelbe nach und nach zugeben. In einer anderen Schüssel das Eiweiß unter Zugabe von Zucker zu cremigem, nicht zu steifem Schnee schlagen. Den Eischnee nach und nach vorsichtig unter die Buttermasse heben. Zum Schluss das gesiebte Mehl nach und nach mit

der Weizenstärke behutsam unterheben, bis eine fluffig-lockere Teigmasse entstanden ist.

2. Den Ofen auf Stufe 2 Flächengrill (nur Oberhitze!) vorheizen. Die Masse ca. 5 mm dünn auf ein mit Backpapier ausgelegtes Blech streichen und die erste Schicht 5–10 Minuten im oberen Drittel des Ofens backen. Auf den gebackenen Teig die nächste Schicht auftragen und goldbraun backen. Diesen Vorgang 4–5-mal wiederholen, bis der Teig aufgebraucht ist.

3. Den Baumkuchen auskühlen lassen, dann die Ränder abschneiden. Den gebackenen Teig in ca. 5 cm breite Streifen schneiden und diese zu kleinen Dreiecken verarbeiten.

SCHOKOLADENÜBERZUG

4. Die Schokolade in der Mikrowelle auflösen und anschließend unter Rühren (oder alternativ unter Zugabe von großen Schokostücken) auf 29–30 °C runterkühlen. Die Baumkuchenspitzen mit einer Gabel in der flüssigen Schokolade wenden, bis sie komplett davon überzogen sind. Gut abtropfen lassen, damit der Boden nicht zu dick wird, und auf Backpapier fest werden lassen.

Möhren-Gewürzkuchen

Für 1 Kastenform (23 x 10 cm)

120 g Eigelb · 90 g Puderzucker · Abrieb von ½ Bio-Zitrone · 1 Msp. Zimt · 1 Prise Nelkenpulver · 130 g Eiweiß · 1 Prise Salz · 90 g Zucker · 20 g Weizenmehl · 4 g Backpulver · 220 g gemahlene Haselnüsse · 190 g geriebene Möhren

Außerdem:

Butter für die Form · 1 Glas Aprikosenkonfitüre · Zucker · 150 g Fondant (Zuckerglasur) · winterliche Dekoration aus Fondant oder Marzipan

TEIG

1. Eigelbe, Puderzucker, Zitronenabrieb und Gewürze in einer Schüssel schaumig schlagen. Das Eiweiß mit Salz und Zucker in einer anderen Schüssel zu Schnee schlagen. Mehl, Backpulver, Haselnüsse und Möhren gut miteinander vermengen.

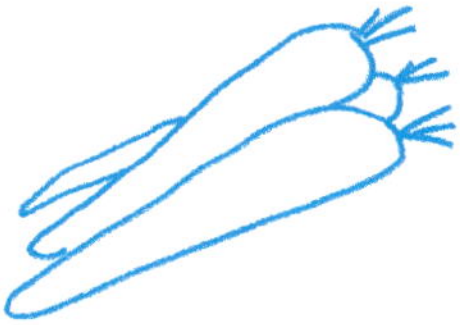

2. Die beiden Ei-Massen zusammenrühren, dann die restlichen Zutaten sorgfältig untermischen. Die Teigmasse muss richtig zusammengeschlagen werden, sodass sie möglichst wenig Volumen hat.

3. Den Ofen auf 160 °C (Umluft) vorheizen. Den Teig in eine gebutterte Kastenform füllen und 45–55 Minuten backen. Stäbchenprobe machen!

GLASUR

4. Den Gewürzkuchen auf ein Gitter stürzen und auskühlen lassen. Die Aprikosenkonfitüre in einem Topf 1 zu 1 mit Zucker mischen und aufkochen. Den gesamten Kuchen damit einpinseln. Die Fondant-Glasur anwärmen (nach Belieben mit Orangenlikör abschmecken) und den Gewürzkuchen damit glasieren. Zum Schluss den Kuchen mit Sternen und Eiskristallen aus Fondant oder Marzipan winterlich dekorieren.

Torten, Tartes & Törtchen

Spanische Vanilletorte

Für 1 Torte (Ø 26 cm)

Für den Teig:
200 g weiche Butter · 150 g Marzipanrohmasse · 200 g Zucker · Mark von 1 Vanilleschote · 7–8 Eigelb (Größe L) · 6–7 Eiweiß (Größe L) · 1 Prise Salz · 150 g Weizenmehl · 5 g Backpulver · 90 g hochwertige Zartbitterschokolade, fein gehackt

Für die Buttercreme:
Mark von 1 Vanilleschote · 500 ml Vollmilch · 200 g Zucker · 50 g Stärke · 3 Eigelb (Größe L) · 200 g hochwertige Zartbitterschokolade · 500 g weiche Butter

Außerdem:
Butter für die Form · ca. 500 g Fondant (Zuckerdekormasse) · Dekor aus Zucker oder Marzipan nach Belieben

TEIG

1. Butter, Marzipan, 100 g Zucker und Vanillemark schaumig schlagen. Die Eigelbe nach und nach zugeben. Eiweiß mit Salz und dem restlichen Zucker zu Schnee schlagen. Den Eischnee vorsichtig unter die Buttermasse heben. Mehl und Backpulver sieben, die gehackte Schokolade zugeben und ebenfalls behutsam unter die Teigmasse mengen.

2. Den Ofen auf 180 °C (Umluft) vorheizen. Eine Springform buttern und den Teig einfüllen. 45–60 Minuten backen. Den Tortenboden nach dem Backen sofort umdrehen und auskühlen lassen.

BUTTERCREME

3. Vanillemark mit 400 ml Milch und Zucker aufkochen. Restliche Milch mit Stärke und Eigelben klümpchenfrei vermischen und zügig mit einem Schneebesen unter die kochende Milch rühren (alternativ Puddingpulver mit Milch verrühren und in die kochende Milch geben). Vorsicht, das kann leicht anbrennen!

4. Die Vanillecreme mit Frischhaltefolie abdecken und auskühlen lassen. Dabei die Folie direkt auf die Creme legen, so bildet sich keine störende Haut. Zartbitterschokolade in der Mikrowelle schmelzen. Die kalte Vanillecreme glatt rühren. Die Butter und dann die Schokolade unterrühren.

MEIN TIPP:

Wenn ich noch Buttercreme übrig habe, verwende ich sie gerne als Topping für Muffins, aus denen so kleine Cupcakes werden. Falls die Creme schon fest ist, einfach in der Küchenmaschine aufschlagen, dabei die Schüssel mit einem Föhn erwärmen.

5. Den Tortenboden zweimal durchschneiden und dünn mit der Buttercreme füllen. Dann die ganze Torte damit glatt einstreichen und im Kühlschrank kalt stellen. Ggf. erneut bestreichen, wenn die Torte noch nicht glatt genug ist.

GARNIEREN

6. Die Fondantmasse ca. 4 mm dick ausrollen und die kalte, feste Torte faltenfrei damit einschlagen. Die Torte nach Belieben dekorieren.

Bienenstich

Für 1 Tortenring (Ø 28 cm)

Für den Teig:
25 g Hefe · 125 ml lauwarme Milch · 1 Eigelb · 30 g Zucker · 30 g weiche Butter · 1 Prise Salz · 225 g Weizenmehl, plus ggf. etwas extra · Mark von ½ Vanilleschote · Abrieb von ½ Bio-Zitrone

Für die Bienenstichmasse:
150 g Zucker · 75 g Butter · 50 g Honig · 2 EL Sahne

Für die Füllung:
330 ml Milch · 50 g Zucker · Mark von ½ Vanilleschote · 25 g Stärke · 1 Ei, getrennt

Außerdem:
Gehobelte Mandeln zum Bestreuen

HEFETEIG

1. Die Hefe in der Milch auflösen, die restlichen Zutaten zugeben und alles für mehrere Minuten zu einem glatten Teig verarbeiten, besser zu lang als zu kurz kneten. Sollte der Teig zu weich sein, einfach noch etwas Mehl zugeben. Den Teig rund ausformen und unter einem Tuch bei Zimmertemperatur ca. 20 Minuten gehen lassen.

2. Den Teig rund ausrollen und auf einem Backblech mit Backpapier in einen Tortenring legen. Mit einer Gabel einstechen, damit die Luft beim Backen entweichen kann. Dann mit etwas lauwarmem Wasser bestreichen und großzügig mit 1 Schicht aus fein gehobelten Mandeln bestreuen.

BIENENSTICHMASSE

3. Alle Zutaten in einem Topf kurz aufkochen und über die Mandeln gießen. Den Teig mit der warmen Masse nochmals 15 Minuten gehen lassen. Den Ofen auf 180 °C (Umluft) vorheizen und den Teig ca. 10 Minuten backen.

FÜLLUNG

4. 280 ml Milch, 40 g Zucker und Vanillemark in einem Topf aufkochen. In einer Schüssel Stärke, Eigelb und die restliche Milch vermischen. Dann mit einem Schneebesen schnell und klümpchenfrei unter die kochende Milch ziehen und kurz aufkochen lassen. Den übrigen Zucker mit dem Eiweiß zu Schnee schlagen und ebenfalls unter die heiße Vanillecreme ziehen.

5. Den abgekühlten Bienenstichteig halbieren. Die obere Hälfte in gleich große Tortenstücke teilen, die untere Hälfte mit der heißen Vanillecreme bestreichen. Dann die Stücke der oberen Hälfte sofort auf die noch heiße Creme legen. So verbinden sie sich wieder zu einer schönen Tortenoptik und beim Anschneiden quillt die Vanillecreme nicht heraus.

Aprikosentarte

Für 1 große Tarteform (Ø 32 cm)

Für den Teig:
250 g kalte Butter · 500 g Weizenmehl · 1 TL Salz · 8 g Backpulver · 2 Eier · ca. 50 ml kaltes Wasser (je nach Beschaffenheit des Mehls)

Für die Füllung:
500 g Crème fraîche · 500 ml Milch · 200 g Zucker · Mark von 1 Vanilleschote · Abrieb von ½ Bio-Zitrone · 1 Prise Salz · 1 Ei · 80 g Stärke

Außerdem:
Butter für die Form · 30 Aprikosen (3 Dosen), halbiert

MÜRBETEIG

1. Die Butter in kleine Würfel schneiden und mit dem Mehl krümelig reiben. Dann die restlichen Zutaten zugeben und alles zu einem glatten Teig verkneten. Den Teig in Frischhaltefolie wickeln und ca. 20 Minuten im Kühlschrank ruhen lassen.

FÜLLUNG

2. Alle Zutaten in einer großen Schüssel glatt rühren.

3. Den gekühlten Teig ca. 2 mm dünn ausrollen und die gebutterte Tarteform bis zum oberen Rand damit auskleiden. Den Teig gut andrücken und überstehende Ränder mit einem Messer sauber abschneiden.

4. Den Ofen auf 180 °C (Umluft) vorheizen. Die Crème-fraîche-Masse gleichmäßig auf dem Boden verteilen und flächig mit frischen oder eingemachten Aprikosenhälften belegen. Die Tarte in 35–45 Minuten goldgelb backen. Anschließend 2 Stunden auskühlen lassen und mit einer Winkelpalette aus der Form schieben.

Joghurt-Obst-Törtchen

Für 10–12 Stück (Ø 7 cm)

Für den Mandelbiskuit:
3 Eier · 125 g Puderzucker · 125 g gemahlene Mandeln · 4 Eiweiß · 20 g Zucker · 30 g Weizenmehl · 25 g flüssige Butter · Gehackte Cranberrys, getrocknete Aprikosen, Pistazien und gehobelte Mandeln nach Belieben

Für die Joghurtsahne:
8 Blatt Gelatine · 300 g Joghurt (3,5% Fettanteil) · 65 g Zucker · Saft von ½ Zitrone · 300 g Schlagsahne

Außerdem:
Frische Früchte nach Belieben (z. B. Himbeeren, Johannisbeeren, Ananas, Kiwi) · 1 Pck. Tortenguss nach Bedarf

MANDELBISKUIT

1. Eier, Puderzucker und Mandeln in der Küchenmaschine mischen. Eiweiß und Zucker aufschlagen und anschließend beide Massen vorsichtig zusammenrühren. Das Mehl hineinsieben und untermengen, dann die flüssige Butter unterziehen.

2. Den Ofen auf 180 °C (Umluft) vorheizen. Die Biskuitmasse 5–6 mm dick gleichmäßig auf ein mit Backpapier ausgelegtes Blech aufstreichen und mit Cranberrys, Aprikosen, Pistazien und Mandeln bestreuen. Sofort in ca. 8 Minuten hell backen.

3. Die Ränder des Biskuits begradigen und den Teig in 4 cm breite Streifen schneiden. Seitlich mit der Oberseite nach außen an den Rand eines kleinen Tortenrings legen. Aus dem restlichen Teig einen runden Boden für die Törtchen ausstechen und einlegen.

JOGHURTSAHNE

4. Gelatine 5 Minuten in kaltem Wasser einweichen. Joghurt, ausgedrückte Gelatine, Zucker und Zitronensaft in einem Topf erwärmen und abkühlen lassen. Die Temperatur sollte 25 °C betragen. Sahne aufschlagen und unter die Joghurtmasse ziehen. Die Creme in die vorbereiteten Törtchenformen füllen und diese für ca. 6 Stunden in den Kühlschrank stellen.

GARNIEREN

5. Die Formen von außen mit den Händen anwärmen, sodass die Törtchen hinausgleiten. Nach Belieben mit frischen Früchten belegen und diese optional mit Tortenguss fixieren.

MEIN TIPP:

Wenn der Biskuitboden beim Backen mal etwas zu dunkel gerät, besprühe ich ihn anschließend mit Wasser, dann wird er wieder flexibel.

Himbeerherz

Für 1 Backblech bzw. 1 Herz

Für den Teig:
500 g weiche Butter · 250 g Puderzucker · 3,5 g Salz · Abrieb von ½ Bio-Zitrone · Mark von 1 Vanilleschote · 750 g Weizenmehl · 50 g Ei (Gewicht mit Schale)

Für die Biskuitmasse:
500 g Ei (Gewicht mit Schale) · 120 g Zucker · 1 Prise Salz · 140 g Weizenmehl

Außerdem:
300 g Marzipanrohmasse · Eigelb nach Bedarf · Abrieb von ½ Bio-Orange · Himbeerkonfitüre zum Bestreichen · reichlich frische Himbeeren · Puderzucker zum Bestäuben

TEIG

1. Butter, Puderzucker, Salz, Zitronenabrieb und Vanillemark glatt rühren. Dann Mehl und Ei unter die Buttermasse kneten, bis ein geschmeidiger Teig entstanden ist. Ca. 30 Minuten kalt stellen.

BISKUITMASSE

2. Den Ofen auf 180 °C (Umluft) vorheizen und ein Backblech mit Backpapier auslegen. Die Eier trennen. Das Eigelb mit 20 g Zucker aufschlagen und das Eiweiß mit Salz und dem restlichen Zucker zu Schnee schlagen. Beide Massen vorsichtig zusammenrühren und das gesiebte Mehl untermengen. Die Biskuitmasse dünn auf das Backpapier streichen und in 5–8 Minuten goldgelb backen.

GARNIEREN DES RANDES

3. Das Marzipan unter Zugabe von Eigelb spritzfähig (aber nicht zu weich!) machen und den Orangenabrieb untermischen. In einen Spritzbeutel mit Sterntülle füllen.

4. Den Teig 4–5 mm dick ausrollen und daraus ein Herz in Backblechgröße ausschneiden oder -stechen. Das Herz auf einem mit Backpapier ausgelegten Blech bei ca. 200 °C in 10–15 Minuten goldbraun backen. Anschließend abkühlen lassen.

5. Die Marzipanmasse um den Rand des gebackenen Teigherzens spritzen. Den Rand dann wahlweise mit einem Bunsenbrenner oder unter dem heißen Backofengrill goldgelb abrösten. Dann wieder abkühlen lassen.

6. Die Innenfläche mit Himbeerkonfitüre bestreichen, mit dem zugeschnittenen Biskuitboden belegen und diesen ebenfalls mit Konfitüre bestreichen. Darauf reichlich frische Himbeeren verteilen und diese mit Puderzucker bestäuben.

MEIN TIPP:

Wer mag, kann die Torte noch mit frischer Minze dekorieren.

Tartelettes mit Birnen

Für ca. 9 Tartelettes (Ø 12 cm)

Für den Mürbeteig:
300 g weiche Butter · 80 g Puderzucker · 1 Prise Salz · 1 Prise Zimt · Mark von ½ Vanilleschote · 450 g Weizenmehl · 1 Ei · 150 g gemahlene Haselnüsse

Für die Füllung:
250 g weiche Butter · 250 g Zucker · 2 Eier · 250 g gemahlene Haselnüsse · 30 g Weizenmehl · 2 Gläser eingemachte Birnen

Außerdem:
Tortenguss zum Bestreichen · gehackte Pistazienkerne zum Garnieren

MÜRBETEIG

1. Butter, Puderzucker, Salz, Zimt und Vanillemark zu einer geschmeidigen Masse verrühren. Mehl, Ei und Haselnüsse

zugeben und behutsam untermischen, bis ein glatter Teig entstanden ist. Dabei nicht zu lange kneten.

2. Den Teig für 1 Stunde kalt stellen. Anschließend ca. 5 mm dick ausrollen und die Tartelette-Förmchen, die gleichzeitig auch als Ausstecher dienen, komplett damit auslegen.

FÜLLUNG

3. Butter und Zucker schaumig schlagen. Nach und nach die Eier unterrühren, dann die Haselnüsse und das Mehl untermischen. Die Füllung in einen Spritzbeutel mit runder Tülle geben und dünn auf die Teigböden spritzen. Alternativ kann man auch einen Löffel verwenden.

4. Den Ofen auf 180 °C (Umluft) vorheizen. Die Birnen in Scheiben schneiden und aufgefächert auf die Tartelettes legen. Die Förmchen auf ein Blech stellen und die Tartelettes 30–40 Minuten backen.

GARNIEREN

5. Anschließend auskühlen lassen, die Tartelettes mit Tortenguss bestreichen und mit gehackten Pistazien garnieren.

Trüffel, Schokolade & Desserts

Selbst gemachte Schokolade

Für je ca. 100 g Schokolade

Für die Mango-Schokolade:
100 g hochwertige Vollmilchschokolade · Getrocknete Mangostücke · 1 Prise Chilipulver

Für die Kinderschokolade:
50 g hochwertige Zartbitterschokolade (60 % Kakaoanteil) · 50 g hochwertige Vollmilchschokolade · 1 Handvoll Gummibärchen, Smarties und Mini-Butterkekse

Außerdem:
Nüsse, Mandeln, getrocknete Früchte oder Süßigkeiten nach Belieben

TEMPERIEREN

1. Je nach Belieben Vollmilch- oder Zartbitter- und Vollmilchschokolade in der Mikrowelle auf niedriger Stufe einschmel-

zen. Alternativ kann man sie auch über dem heißen Wasserbad schmelzen, das ist aber mühsamer und dauert länger. Dann die Schokolade auf 29–30 °C runterkühlen. Zum Abkühlen große Schokostücke zugeben und so lange rühren, bis die Temperatur stimmt. Dazu am besten ein Backthermometer verwenden oder alternativ einen Schokoladen-Temperierer, der die Schokolade immer zur richtigen Temperatur schmilzt. Es ist wichtig, die Temperatur einzuhalten, so wird die Schokolade beim Erkalten schön glänzend und zergeht auf der Zunge. Stimmt die Temperatur nicht, wird sie grau und brüchig. Zum Schluss die noch nicht aufgelösten Schokostücke herausnehmen.

GIESSEN

2. Zum Gießen eignen sich Formen aus Metall oder Kunststoff am besten (16 x 8 cm entspricht der Standard-Tafelgröße). Man kann z.B. auch Ausstecher für Weihnachtsplätzchen nehmen, diese einfach mit Klarsichtfolie dicht abschließen. Die flüssige Schokolade mit einer Kelle fingerdick in die Formen gießen (für eine schöne Marmorierung kann man zu-

sätzlich geschmolzene weiße Schokolade zugießen) und anschließend entweder Mango und Chili oder Gummibärchen, Smarties und Butterkekse daraufstreuen. Nach Belieben die Zutaten um Nüsse, Mandeln, andere Früchte oder Süßigkeiten erweitern. Allerdings sollte zwischen den Zutaten noch etwas Platz bleiben, damit die Schokolade nicht brüchig wird.

KÜHLEN UND AUSLÖSEN

3. Die Schokolade ca. 10 Minuten in den Kühlschrank stellen, bis sie fest ist. Dabei zieht sie sich minimal zusammen und lässt sich anschließend ganz leicht aus der Form lösen.

MEIN TIPP:

Es gibt eigentlich nur zwei Dinge, die man bei der Verarbeitung von Schokolade beachten sollte. Erstens nur hochwertige Schokolade verwenden und zweitens korrekt temperieren und einschmelzen. Hochwertige Schokolade besteht aus Kakaomasse, Kakaobutter und Zucker. Bei Vollmilchschokolade ist auch noch Milchpulver enthalten. Fremdfette wie Palm- oder Kokosfett sind nur in günstigen Schokoladen zu finden. Die eignen sich nicht zum Einschmelzen. Reine Edelschokolade gibt es in jedem gut sortierten Supermarkt und im Feinkosthandel.

Weiße Trüffelherzen

Für ca. 50 Stück

190 ml Sahne · 20 g Glykose (optional) · Mark von 1 Vanilleschote · 10 g Butter · 290 g hochwertige weiße Schokolade · ca. 50 weiße Schokoherzen-Hohlkörper (Supermarkt oder Online-Shop)

TRÜFFELMASSE

1. Sahne, Glykose und Vanillemark in einem Topf kurz aufkochen. Die Butter und 190 g weiße Schokolade in der heißen Sahne auflösen und glatt rühren.

FÜLLEN

2. Die Masse auf ca. 29 °C abkühlen lassen und mit einem Spritzbeutel in die Schokoherzen-Hohlkörper einfüllen. Die befüllten Herzen für ca. 10 Minuten in den Kühlschrank stellen. Wer genug Zeit mitbringt, kann diesen Teil auch einen

Tag vorher zubereiten und die Pralinen bei Zimmertemperatur über Nacht stehen lassen, bis sich eine kleine Haut gebildet hat.

3. Die restliche weiße Schokolade in der Mikrowelle schmelzen, auf ca. 29 °C abkühlen lassen, in einen Spritzbeutel füllen und damit die Löcher der Schokoherzen verschließen.

MEIN TIPP:

Die Glykose kann man auch weglassen, sie dient nur zur Konservierung. Ersatz gibt es dafür allerdings nicht.

Hot Chili Pralinen

Für ca. 50 Stück
250 ml Sahne · 10 g Glykose (optional) · 1 Prise Chiliflocken (nach Belieben mehr) · 20 g Butter · 140 g hochwertige Vollmilchschokolade · 80 g hochwertige Zartbitterschokolade · ca. 50 Vollmilch- oder Zartbitter-Schokoschalen (Supermarkt oder Online-Shop)

Außerdem:
Ca. 400 g geschmolzene hochwertige Zartbitterschokolade zum Überziehen · Zuckerherzen zum Garnieren (Backabteilung im Supermarkt)

PRALINENMASSE

1. Sahne, Glykose und Chiliflocken kurz in einem Topf aufkochen. Butter, Vollmilch- und Zartbitterschokolade darin auflösen und glatt rühren.

FÜLLEN

2. Die Masse auf ca. 29 °C abkühlen lassen, mit einem Spritzbeutel in die Schokoschalen einfüllen und die gefüllten Schalen ca. 10 Minuten in den Kühlschrank stellen. Wer genug Zeit mitbringt, kann diesen Teil auch einen Tag vorher zubereiten und die Pralinen bei Zimmertemperatur über Nacht stehen lassen, bis sich eine kleine Haut gebildet hat.

GARNIEREN

3. Die Chili-Pralinen komplett in die geschmolzene Schokolade eintauchen und auf Backpapier absetzen. In die noch flüssige Schokolade Zuckerherzen eindrücken und die Pralinen trocknen lassen.

Johannisbeer-Trüffel

Für ca. 50 Stück

180 ml Sahne · 10 g Glykose (optional) · 100 g Schwarzes Johannisbeermark · 10 g Butter · 180 g hochwertige Vollmilchschokolade · 75 g Crème de Cassis (nach Belieben) · ca. 50 Hohlkugeln aus Zartbitterschokolade (Supermarkt oder Online-Shop)

Zum Garnieren:

Ca. 500 g hochwertige Zartbitterschokolade · 200 g Kristallzucker · 100 g Cassis-Fruchtpulver (gefriergetrocknet)

TRÜFFELMASSE

1. Sahne, Glykose und Johannisbeermark kurz in einem Topf aufkochen. Die Butter und die Vollmilchschokolade in der heißen Sahnemischung auflösen und glatt rühren. Nach Belieben Crème de Cassis untermischen.

FÜLLEN

2. Die Masse auf ca. 29 °C abkühlen lassen und mit einem Spritzbeutel in die Hohlkugeln füllen. Die befüllten Trüffelkugeln ca. 10 Minuten in den Kühlschrank stellen. Wer genug Zeit mitbringt, kann diesen Teil auch einen Tag vorher zubereiten und die Pralinen bei Zimmertemperatur über Nacht stehen lassen, bis sich eine kleine Haut gebildet hat.

GARNIEREN

3. Die Zartbitterschokolade in der Mikrowelle schmelzen, auf ca. 29 °C abkühlen lassen, in einen Spritzbeutel füllen und die Löcher der Johannisbeer-Trüffelkugeln verschließen. Zum Garnieren beide Handinnenflächen mit der übrigen geschmolzenen Schokolade bestreichen und die verschlossenen Trüffel gleichmäßig in den Händen rollen, sodass überall flüssige Schokolade haften bleibt.

4. Zucker und Cassis-Fruchtpulver mischen und die Trüffel darin wälzen.

Bratapfel-Schokoladen-Dessert

Für ca. 6 Portionen

Für das Bratapfel-Kompott:
6 Äpfel (Boskop) · 300 g Rohrzucker · 300 ml Apfelsaft · Mark von 1 Vanilleschote · etwas Zimt · 10 g geröstete Mandeln · Rosinen nach Belieben

Für die Karamell-Mousse:
110 g Zucker · 220 ml flüssige Sahne · 1 TL Honigkuchen-Gewürzmischung · 380 g hochwertige Zartbitterkuvertüre (60 % Kakaoanteil) · 10 Eigelb · 800 ml geschlagene Sahne

Außerdem:
500 g hochwertige Zartbitterschokolade · stabile Klarsichtfolie (Bastelladen) · 1 dunkler Tortenboden · Krokant zum Bestreuen · Gehobelte Mandeln zum Bestreuen

BRATAPFEL-KOMPOTT

1. Die Äpfel schälen, entkernen und in kleine Würfel schneiden. Den Rohrzucker zu Karamell schmelzen und vorsichtig mit dem Apfelsaft ablöschen. Die Apfelwürfel kurz im Fond garen und mit Vanille und Zimt würzen. Dann die Mandeln und Rosinen zugeben und das Kompott ca. 1 Stunde im Kühlschrank ziehen lassen.

KARAMELL-MOUSSE

2. Zucker in einer beschichteten Pfanne zu Karamell schmelzen. Währenddessen die Sahne mit der Gewürzmischung in einem Topf erhitzen und den Karamell vorsichtig damit ablöschen. Die Karamellmasse vom Herd nehmen und die Kuvertüre langsam darin auflösen. Eigelbe und Schlagsahne getrennt voneinander in der Küchenmaschine schaumig schlagen. Sobald die Schokoladenmasse ca. 35 °C hat, die geschlagenen Eigelbe und dann die Schlagsahne vorsichtig unterheben. Nicht zu stark rühren, damit die Mousse schön fluffig bleibt.

SCHOKOLADENDEKOR

3. Die Schokolade in der Mikrowelle schmelzen, 2–3 große Stücke Schokolade zugeben und unter ständigem Rühren auf 29–30 °C runterkühlen. Die Folie in Streifen schneiden. Die flüssige Schokolade dünn auftragen. Warten, bis sie leicht angezogen ist, und dann zu einer Schleife formen. Im Kühlschrank ca. 10 Minuten abkühlen lassen. Danach die Folie abziehen und die Schokolade in Stücke brechen.

TORTENBODEN

4. Aus dem Tortenboden in der Größe der Dessertgläser kleine Teigkreise ausstechen. Diese mit der restlichen flüssigen Schokolade bestreichen und mit Krokant bestreuen. Die Mousse, die kleinen Böden und das Bratapfelkompott schichtweise in die Gläser füllen. Mit Schokoladendekor und gehobelten Mandeln garnieren. Fertig ist das High-Class-Dessert.

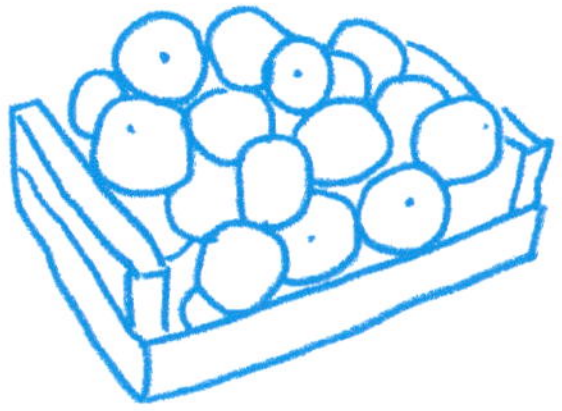

Bonus-Rezepte

Gefüllter Butterstreuselkuchen

Für 1 Tortenring (Ø 28 cm)

Für den Hefeteig:
25 g Hefe · 125 ml warme Milch · 1 Eigelb · 30 g Zucker · 30 g Butter · 4 g Salz · 225 g Weizenmehl · Mark von ½ Vanilleschote · Abrieb von ½ Bio-Zitrone

Für die Butterstreusel:
120 g Butter · 120 g Zucker · 2 g Salz · Abrieb von ½ Bio-Zitrone · 220 g Weizenmehl · 2 g Backpulver

Für die Füllung:
660 ml Milch · 100 g Zucker · Mark von 1 Vanilleschote · 50 g Stärke · 2 Eier, getrennt

Außerdem:
1 verquirltes Ei zum Bestreichen

BUTTERSTREUSEL

1. Butter, Zucker, Salz und Zitronenabrieb verkneten. Mehl und Backpulver zugeben und nur so lange vermengen, bis ein streuseliger, lockerer Teig entsteht. Dabei nicht zu lange kneten, da sonst aus den Streuseln Mürbeteig wird.

HEFETEIG

2. Die Hefe in der warmen Milch auflösen. Die restlichen Zutaten zugeben und alles zu einem geschmeidigen, glatten Teig

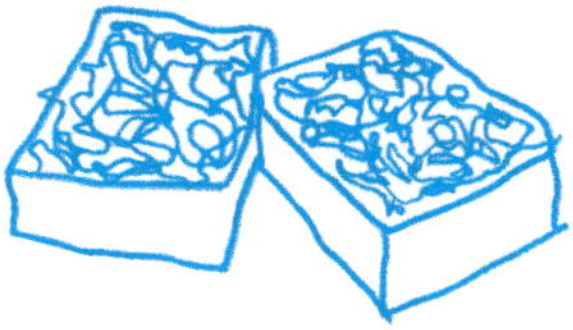

verarbeiten. Den Teig zu einer Kugel formen und unter einem Tuch ca. 20 Minuten ruhen lassen. Dann rund ausrollen und auf ein mit Backpapier ausgelegtes Blech in den Tortenring legen. Den Hefeteig mit verquirltem Ei bestreichen und die Butterstreusel darauf verteilen. Erneut ca. 10 Minuten gehen lassen, währenddessen den Ofen auf 180 °C (Umluft) vorheizen. Den Kuchen in 10–15 Minuten goldgelb backen.

FÜLLUNG

3. 560 ml Milch, 80 g Zucker und Vanillemark aufkochen. Stärke, Eigelbe und die restliche Milch vermischen und mit einem Schneebesen schnell und klümpchenfrei unter die kochende Milch ziehen. Erneut kurz aufkochen. Den übrigen Zucker mit dem Eiweiß zu Schnee schlagen. Den Eischnee dann sofort unter die heiße Vanillecreme ziehen.

4. Den abgekühlten Butterstreuselkuchen halbieren. Dazu das Tortenmesser in der Mitte des Kuchens ansetzen und in einer Drehbewegung um den Kuchen führen, bis dieser halbiert ist. So werden Ober- und Unterseite gleichmäßig dick. Die obere Hälfte mit einem Messer in gleich große Tortenstücke teilen, die untere Hälfte mit der heißen Vanillecreme bestreichen. Danach die eingeteilten Stücke der oberen Hälfte sofort auf die noch heiße Creme legen, so verbinden sie sich wieder optimal zu einer schönen Tortenoptik.

Mango-Passionsfrucht-Tiramisu

Für 4 Portionen
5 Eigelb · 160 g Zucker · 100 ml Sahne · 5 Eiweiß · 250 g Mascarpone · 125 ml Passionsfruchtsaft · 125 g Mangomark · 250 g Löffelbiskuits

Außerdem:
Kakaopulver zum Bestäuben

CREME

1. Das Eigelb mit der Hälfte des Zuckers über dem warmen Wasserbad (ca. 80 °C) schaumig schlagen, bis es leicht fest wird. Wichtig dabei ist, das Wasserbad nicht kochen zu lassen. Danach die Sahne steif schlagen und das Eiweiß mit dem restlichen Zucker zu Schnee schlagen. Die Eigelbmasse mit dem Mascarpone glatt rühren, dann die Sahne untermischen. Zuletzt den Eischnee unterziehen. Passionsfruchtsaft und Mangomark mischen.

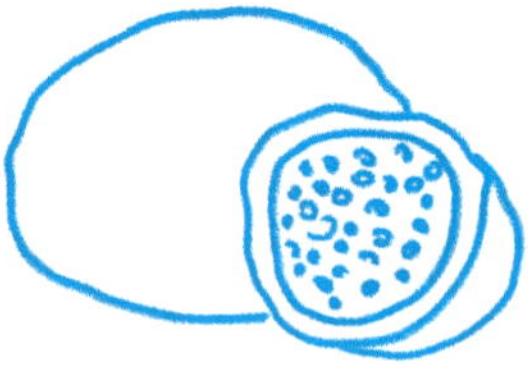

EINSCHICHTEN

2. Die Hälfte der Löffelbiskuits mit der Mango-Passionsfrucht-Mischung tränken und gleichmäßig auf vier Dessertteller verteilen. Darauf die Hälfte der Mascaponecreme verstreichen. Dann die zweite Lage der Löffelbiskuits tränken und auf die Mascaponecreme legen. Die restliche Creme darauf streichen und das Tiramisu im Kühlschrank in ca. 4 Stunden durchkühlen lassen.

GARNIEREN

3. Das Tiramisu zum Servieren mit feinem Kakao bestäuben.

MEIN TIPP:

Wenn's mal schnell gehen muss: Die Löffelbiskuits in kleine Stücke teilen, tränken und vorsichtig unter die Mascarponecreme heben. Die Masse dann einfach in kleine Einmachgläschen füllen und im Kühlschrank ca. 1 Stunde kühlen. Mit Kakao bestäuben und genießen.

Sonntags-Marmor-Gugelhupf

Für 1 Gugelhupf (Ø 18 cm)
150 g weiche Butter · 140 g Puderzucker · Mark von 1 Vanilleschote · Abrieb von ½ Bio-Zitrone · 5 Eigelb · 5 Eiweiß · 1 Prise Salz · 140 g Zucker · 15 g Kakaopulver · 160 g Weizenmehl

Außerdem:
Butter und Paniermehl für die Form · Puderzucker zum Bestäuben

1. Die Gugelhupfform ausbuttern und mit Paniermehl bestreuen. Das Paniermehl verhindert, dass die Kuchenmasse in der Form haften bleibt.

TEIG

2. Butter, Puderzucker, Vanillemark und Zitronenabrieb in der Küchenmaschine schaumig schlagen, die Eigelbe nach und nach zugeben. Das Eiweiß mit dem Salz mischen und zu Schnee schlagen, dabei den Zucker langsam unterrieseln lassen, bis sich eine cremige Masse ergibt. Das Eiweiß nicht zu lange schlagen, da es sonst flockig wird und sich schlecht unter die Buttermasse heben lässt.

MEIN TIPP:

Ich schlage Eiweiß und Butter mit Eigelb immer separat auf. Dann wird der Gugelhupf besonders locker. Das nennt man Zwei-Kessel-Masse.

3. Den Kakao mit etwas Wasser (alternativ schmeckt auch Orangenlikör toll) und etwas Eischnee verrühren – so lässt er sich besser in die Teigmasse einarbeiten. Den Rest des

Eischnees zur Buttermasse geben und das Mehl vorsichtig unterziehen.

EINFÜLLEN

4. 1/3 der Teigmasse mit dem Kakaogemisch verrühren. Die Hälfte der übrig gebliebenen Masse in die Gugelhupfform geben, anschließend die Kakaomasse und die restliche helle Masse einfüllen. Jetzt die beiden Massen mit einem Löffelstiel in ca. 2 Umdrehungen verrühren.

5. Den Ofen auf 170 ° (Umluft) vorheizen und den Gugelhupf ca. 45 Minuten backen (Stäbchenprobe machen!). Nach den Backen den Gugelhupf auf Backpapier stürzen und in der Form auskühlen lassen. So bleibt er schön saftig.

GARNIEREN

6. Sobald der Gugelhupf ausgekühlt ist, mit Puderzucker bestäuben und servieren.

Vanillekipferl

Für 2 Bleche

Für den Mürbeteig:
375 g weiche Butter · 150 g Puderzucker · Mark von 1 Vanilleschote · 2 g Salz · 4 g ABC-Trieb (Hirschhornsalz), in etwas Wasser aufgelöst · 160 g gemahlene Mandeln · 500 g Weizenmehl

Für den Vanillezucker:
200 g Zucker · Mark von 1 Vanilleschote

MÜRBETEIG

1. Butter, Puderzucker, Vanillemark, Salz und ABC-Trieb glatt rühren – durch den ABC-Trieb werden die Kipferl besonders locker. Mandeln und Mehl vermischen und zur Buttermasse geben. Alles zu einem glatten Mürbeteig verkneten. Den Teig ca. 30 Minuten in den Kühlschrank stellen, danach lässt er sich besser ausformen.

2. Den Ofen auf 180 °C (Umluft) vorheizen und zwei Backbleche mit Backpapier auslegen. Den gekühlten Teig zu einem langen, gleichmäßigen Strang rollen und diesen in

gleich große kleine Stückchen schneiden. Die Stückchen zu Kipferln formen, auf den Blechen verteilen und in ca. 10 Min. goldbraun backen.

GARNIEREN

3. Den Zucker mit dem Vanillemark vermengen. Die Kipferl nach dem Backen lauwarm abkühlen lassen im Vanillezucker wälzen.

MEIN TIPP:

Dadurch dass die Kipferl beim Wälzen noch warm sind, bleibt der Zucker besser haften. So bildet sich eine schöne Kruste.

Eine Produktion der

WDR media group

ISBN: 978-3-93855-999-4

Ludwigstraße 11
50667 Köln
www.wdr-mediagroup.com

Produktion Servicezeit: © 2014 WDR, Köln
Agentur: WDR mediagroup GmbH

www.servicezeit.de

Konditormeister: Markus Podzimek
Foto Yvonne Willicks: WDR/Herby Sachs
Übrige Fotos: wellenreiter.tv GmbH und Tilman Schenk
Projektmanagement: WDR mediagroup GmbH, Kirsten Schmitz
WDR Redaktion: Anne Leudts
Vorwort: Markus Podzimek, Yvonne Willicks
Lektorat: Christin Geweke

Layout & Satz: typocepta, Köln
Druck & Bindung: Druckerei Theiss, Am Gewerbepark 14,
9431 St. Stefan im Lavanttal, Österreich

Die Fernsehreihe „Lecker Backen" ist eine Produktion von
wellenreiter.tv im
Auftrag des Westdeutschen Rundfunks.